**Walber Antonio Ramos Beltrame**

**Sistemas de Disseminação Seletiva da Informação**

Walber Antonio Ramos Beltrame

# Sistemas de Disseminação Seletiva da Informação

## Projetos e modelos de sistemas para mapear interesses do usuário e prover encontro de pessoas

Novas Edições Acadêmicas

**Impressum / Impressão**
Bibliografische Information der Deutschen Nationalbibliothek: Die Deutsche Nationalbibliothek verzeichnet diese Publikation in der Deutschen Nationalbibliografie; detaillierte bibliografische Daten sind im Internet über http://dnb.d-nb.de abrufbar. Alle in diesem Buch genannten Marken und Produktnamen unterliegen warenzeichen-, marken- oder patentrechtlichem Schutz bzw. sind Warenzeichen oder eingetragene Warenzeichen der jeweiligen Inhaber. Die Wiedergabe von Marken, Produktnamen, Gebrauchsnamen, Handelsnamen, Warenbezeichnungen u.s.w. in diesem Werk berechtigt auch ohne besondere Kennzeichnung nicht zu der Annahme, dass solche Namen im Sinne der Warenzeichen- und Markenschutzgesetzgebung als frei zu betrachten wären und daher von jedermann benutzt werden dürften.

Informação biográfica publicada por Deutsche Nationalbibliothek: Nationalbibliothek numera essa publicação em Deutsche Nationalbibliografie; dados biográficos detalhados estão disponíveis na Internet: http://dnb.d-nb.de. Os outros nomes de marcas e produtos citados neste livro estão sujeitos à marca registrada ou a proteção de patentes e são marcas comerciais registradas dos seus respectivos proprietários. O uso dos nomes de marcas, nome de produto, nomes comuns, nome comerciais, descrições de produtos, etc. Inclusive sem uma marca particular nestas publicações, de forma alguma deve interpretar-se no sentido de que estes nomes possam ser considerados ilimitados em matérias de marcas e legislação de proteção de marcas e, portanto, ser utilizadas por qualquer pessoa.

Coverbild / Imagem da capa: www.ingimage.com

Verlag / Editora:
Novas Edições Acadêmicas
ist ein Imprint der / é uma marca de
OmniScriptum GmbH & Co. KG
Heinrich-Böcking-Str. 6-8, 66121 Saarbrücken, Deutschland / Niemcy
Email / Correio eletrônico: info@nea-edicoes.com

Herstellung: siehe letzte Seite /
Publicado: veja a última página
**ISBN: 978-3-639-69031-6**

À minha esposa, Daiana, e aos meus filhos, Yana e Antonio.

## Apresentação

Este livro Sistemas de Disseminação Seletiva da Informação tem por objetivo apresentar os principais conceitos dos sistemas computacionais que visam canalizar novas informações para ambientes onde há alta probabilidade de interesse.

No primeiro capítulo é elaborada uma revisão dos Sistemas de Disseminação Seletiva da Informação, sendo apresentados os principais conceitos.

No segundo capítulo é feita uma apresentação de quatro sistemas relevantes, com o objetivo de verificar como os conceitos são observados nesses sistemas.

No terceiro capítulo é apresentado um modelo de sistema e de funcionalidades comuns a essa categoria de Sistemas de Informação. A intenção é servir como referência para o desenvolvimento de sistemas ou de módulos que possuam essas necessidades.

No quarto capítulo são apresentadas as possíveis aplicações do exemplo proposto, com dicas e sugestões de sistemas construídos na forma de componentes de software acopláveis. Ao ponto que atendem ao requisito de propagação ou de acesso personalizado a conteúdos produzidos nesses ambientes, oferecem também novos meios facilitadores dos processos de interação e de cooperação.

# Sumário

# Introdução

Sistema de Disseminação Seletiva da Informação é um tipo de Sistema de Informação que visa canalizar automaticamente novas fontes de informação, como notícias, mensagens e avisos, para ambientes onde a probabilidade de interesse seja alta. Esse conceito origina-se da proposição de (LUHN, 1961), que sistematiza serviços de notificação de acordo com perfis.

O serviço estabelecido tornou-se comum em bibliotecas digitais, voltados à produção de listas selecionadas de títulos e à distribuição de resumos das novas aquisições. Com a evolução das tecnologias de rede de computadores e das formas de comunicação, o recurso consolidou-se como padrão de sistemática capaz de divulgar atualizações entre diferentes plataformas e sítios de conteúdo (ALMEIDA, 2008).

A estruturação do interesse é um dos desafios principais, aliado aos mecanismos de correlação entre os critérios e o significado dos documentos. O termo "interesse" refere-se à necessidade de um usuário ou de sistema de computador em adquirir informação que corresponda a alguma condição particular, relevante e atual: novos interesses podem surgir ao longo do tempo, assim como necessidades antigas se tornam inválidas. Segundo (SOUTO, 2008), sistemas devem ser pró-ativos quanto à identificação dos diferentes contextos dessa dinâmica.

O desafio computacional inerente é estabelecer um modelo que mapeie as necessidades específicas de informação, para grandes públicos, de modo constante e personalizado. É necessário mediar à estruturação da unidade informacional, de maneira que contemple a pluralidade de atributos a serem considerados pelo processo de seleção de conteúdo.

Refere-se a atributo de seleção de conteúdo como àquele que dita uma propriedade, pelo qual estabelece sentido ao objeto: o título de um livro, a data de um evento ou a quantidade de rotações do motor de um automóvel, enfim, toda qualidade passível de interesse.

Os sistemas de Disseminação Seletiva devem também atentar-se para outros critérios importantes: qualidade, veracidade, síntese, interface com usuário, interoperabilidade, capacidade de redução do esforço cognitivo e estímulo a construção de conhecimento. Esses critérios serão exemplificados nos próximos capítulos do livro.

## Capítulo 1 – Principais conceitos

O conceito Disseminação Seletiva da Informação pode ser definido como um serviço que se utiliza de perfis para submeter periodicamente um pacote de informações resultantes de seleção, realizada por ação humana ou por tecnologia.

Os sistemas computacionais de Disseminação Seletiva da Informação automatizam esses serviços. O funcionamento padrão dos sistemas de disseminação pode ser descrito como um conjunto de atividades sequenciais e cíclicas (LUHN, 1961):

1. Percorrer as fontes produtoras da informação (cadastradas de alguma forma) ou varrer a base de dados que contenham as novas informações submetidas;

2. Normalizar e indexar as novas informações, por meio de descritores, no repositório de dados. Essa escolha de descritores (ver Seção 1.1) está diretamente relacionada com a estruturação do perfil de interesse, ora estático ora evolutivo;

3. Estabelecer ou recuperar os perfis de interesse (ver Seção 1.2);

4. Selecionar por meio de pesquisa, de casamento de padrão ou de critérios pré-definidos (ver Seção 1.3) os documentos relevantes aos perfis recuperados;

5. Apresentar as informações selecionadas (ver Seção 1.4) em formatos entendíveis pelos requerentes;

6. Permitir avaliação e retroalimentar o sistema (ver Seção 1.5) para melhoria contínua da composição dos perfis.

### 1.1 – Formas de representação do conteúdo

Para (LANCASTER, 2004), a definição de formatos para estruturar conteúdos baseia-se na escolha de atributos (ou descritores) específicos que tornem possível a correspondência com os perfis de interesse. Desse modo, o processo de representação passa-se por duas etapas: obtenção dos descritores e fomento desses índices.

3

As formas de obtenção dos descritores são enumeradas a seguir:

1. Os descritores são fornecidos pelos produtores do conteúdo, previamente acordados com os sistemas de disseminação e formalizados em modelo estrutural;

2. Os índices são extraídos do dado original, desde que os sistemas de disseminação conheçam o formato do dado de origem e possuam algoritmos de conversão;

3. Os atributos são gerados automaticamente por meio de inferência, utilizando-se de algoritmos de classificação ou de organização de dados (*clustering*).

O fomento, ou a etapa de estruturação dos dados, tem por objetivo facilitar o posterior casamento dos padrões, entre índices e perfis. O formato final dos atributos dependerá da estratégia de comparação de dados adotada. Destacam-se alguns padrões:

1. Para dados estruturados: organização em sistemas de bancos de dados (PARSAYE, CHIGNELL, et al., 1989);

2. Para dados textuais: representação na forma de vetores de frequência dos termos (palavras) do documento (SALTON, WONG e YANG, 1975);

3. Para dados hipertextuais: modelos associativos em rede (AGOSTI e MARCHETTI, 1992);

4. Para metadados: integração entre modelos conceituais e linguagens de descrição (GUIZZARDI, 2005).

Uma política de qual padrão adotar passa-se pela avaliação dos requisitos arquiteturais em que o sistema de disseminação será concernido. Diante da possibilidade de comunicação com outros sistemas, opta-se por aquele que proverá maior capacidade de se interoperar dados. Logo, o padrão de metadados tem maior aceitabilidade.

4

## 1.2 – Formas de representação do interesse

A representação do interesse (necessidade da informação) é o fator de maior relevância em sistemas de disseminação, uma vez que é o principal critério para se determinar o que deve ser selecionado e, posteriormente, disseminado. Para (SOUTO, 2008), o interesse se apresenta sobre as óticas:

1. Interesse externo: os sistemas restringem as opções de interesse para os elementos contidos nos formatos de representação de conteúdo, de forma organizada por temas e por classes. É a forma mais simples de representação, em que se guardam somente as informações de quais categorias serão escolhidas;

2. Interesse explícito: os atributos (conjunto de dados que representa um interesse) são informados pelo receptor, que é consciente das necessidades que possui e as tornam explícitas, facilitando o trabalho dos sistemas quanto aos critérios que devem ser avaliados;

3. Interesse implícito: os atributos podem ser inferidos por meio da percepção de que o receptor possui uma necessidade, mas não a manifesta. Sistemas que lidam com interesse implícito devem possuir modelos de dados (conhecidos como modelos do usuário), em que são manipuladas as informações necessárias para a inferência, por exemplo, o histórico das solicitações, opções feitas no sistema e os próprios dados do usuário, por exemplo, nome, endereço, sexo, idade e profissão.

Quando interesses não possuem correspondentes nos formatos de representação, os sistemas podem ignorar tal fato e não apresentar nenhum suporte. Ou então, adotar estratégias de aprendizado e evolução do modelo, buscando correlacionar os atributos. Os interesses são expressos no padrão de linguagem de consulta, de modo a ser interpretada pelos sistemas de seleção, semelhante às pesquisas personalizadas nos sistemas de recuperação (BAEZA-YATES e RIBEIRO-NETO, 1999).

Dessa forma, estratégias de expansão de consulta também são utilizadas para melhorar a qualidade dos resultados (SPARCK-JONES, 1992). Tais técnicas se utilizam de dicionário de palavras, tesauro e ontologia para aumentar a quantidade de termos da pesquisa.

## 1.3 – Formas de seleção da informação

A seleção da informação é realizada basicamente pela comparação entre a representação do conteúdo e a representação do interesse. Essa comparação pode ser exata, selecionando somente os documentos que satisfaçam o interesse, ou parcial, selecionando também conteúdos similares ao interesse. Os sistemas parciais trabalham de acordo com o princípio da incerteza das necessidades, decorrente da própria subjetividade na formulação do que é de interesse ou não.

Outra forma de seleção é aquela que observa as relações entre os próprios documentos, principalmente nos de conteúdo associativo (hipertexto). Nesse formato de seleção, outros documentos, além daqueles que satisfazem a consulta, são selecionados por possuírem alguma correlação notória.

Outro meio de seleção de documentos, centrado no perfil do receptor e nos demais perfis, ao que se designa seleção social, considera a relevância de um recurso condiz com quantos outros interesses similares existem. Em sistemas de disseminação que permitem esse tipo de interação, é comum a seleção baseada em indicações de conteúdo, num processo de construção coletiva de perfis comunitários.

## 1.4 – Formas de apresentação dos resultados

Após o processo de seleção do conteúdo, a tarefa dos sistemas de disseminação é prover o acesso à informação selecionada. Nesse ponto, as questões que merecem destaque são quanto às formas de comunicação e quanto às formas apresentação dos resultados:

1. Em relação à comunicação, os sistemas podem adotar estratégias assíncronas, disponibilizando a informação em momento mais adequado, visto que o interesse do receptor pode não ser iminente ao momento da requisição. Outra questão relacionada à comunicação é definir qual protocolo será utilizado, dentre as várias possibilidades, por exemplo, serviços de mensagem eletrônica (*e-mail*) e comunicação móvel;

2. Em relação à apresentação dos resultados, os sistemas podem agregar à solução mecanismos de pré-visualização dos resultados, a fim de evitar que os receptores acessem informações indesejadas.

## 1.5 – Formas de avaliação dos resultados

A adoção de formas para que o conteúdo selecionado seja avaliado pelo receptor da informação é importante para mensurar o desempenho do sistema, além de poder ser útil para novas redefinições dos interesses do usuário.

Para os sistemas com representação do interesse externo (pré-definido) essa última opção é nula, uma vez que os interesses não são condicionados as necessidades do usuário. Dessa forma, cabe somente ao receptor decidir se quer continuar com o canal de seleção ou não, sendo que os sistemas podem se utilizar da quantidade de usuários que assinam e da estatística de usuários que deixaram de assinar ao longo do tempo para estimar a eficiência do sistema.

Para os sistemas com representação de interesse de acordo com modelos de usuário, pode-se condicionar como novas informações para o sistema o conjunto de avaliações do receptor após apresentação do resultado. São exemplos de dados que podem ser utilizados: se o usuário leu ou não a informação; prover um meio para que o usuário pontue ou qualifique o conteúdo; ver o tempo gasto entre a leitura de uma informação em relação as outras; verificar entre os textos lidos quais são os termos em comum.

Tais dados podem ser úteis para reformular o perfil de interesse, o que ocasionará mudanças dos próximos resultados, provavelmente mais adequados ao que o usuário espera. Para tanto, utiliza-se de inteligência artificial para refinar o perfil do usuário, em processo contínuo de evolução.

Em sistemas que se utilizam de perfis sociais, a avaliação de outros usuários influenciam nas escolhas de leitura e os documentos melhores avaliados terão um peso maior para a seleção e maior visibilidade na apresentação dos resultados.

# Capítulo 2 – Sistemas relevantes

O objetivo deste capítulo é apresentar alguns sistemas de Disseminação Seletiva da Informação, publicados na última década. Foram selecionados quatro sistemas relevantes, descritos nas próximas seções a seguir, em ordem crescente cronológica. A análise dos sistemas é subjetiva, realizada por meio de leitura e interpretação dos textos referenciais publicados. A intenção é expor de maneira organizada como os conceitos são abordados.

## 2.1 – Sistema MySDI

De acordo com (FERREIRA e SILVA, 2001), o sistema MySDI pode ser considerado como uma arquitetura ou plataforma genérica para projetar sistemas e serviços de Disseminação Seletiva da Informação.

O modelo estrutura-se em quatro camadas – do usuário, da informação, da classificação e de filtragem. São elaborados agentes de software (não é evidenciado qual padrão de modelo de agentes utilizado) que se interagem, para estabelecer coordenação entre níveis.

Na camada de classificação são utilizadas máquinas de inferência, para geração de índices. Para manipulação desses, são utilizadas máquinas vetoriais. O perfil de interesse é constituído por interações (navegação) em sítios de conteúdo marcados por temas: cada ação do usuário alimenta o sistema de forma positiva ou negativa quanto à temática de interesse.

A seleção de conteúdo é feita por mecanismos de consulta vetorial, mas existe um módulo de verificação de correspondência entre perfis, que é utilizado como elemento de cálculo de similaridade.

9

## 2.2 – Sistema SemCast

Segundo (PAPAEMMANOUIL e ÇETINTEMEL, 2004), o sistema SemCast é uma proposta de um sistema baseado em difusão altamente distribuída, para fluxos de grande volume de dados.

Propõe uma abordagem semântica para filtragem de conteúdo. Canais menores de interesse são gerados dinamicamente e relacionados na forma de topologia de rede, sendo que os descritores são previamente estabelecidos.

O interesse é do tipo externo, dirigido pelo mapeamento semântico. Não é relatado formalmente no texto como mudanças de interesse são tratadas, mas se conclui que a abordagem é do tipo simples, visto que o tipo de interesse é externo (não evolutivo). O tipo de seleção é a exata – o interesse é expresso pela assinatura de canais.

## 2.3 – Sistema SABiO

De acordo com (BAX, ALVARENGA, et al., 2004), o sistema SABiO pode ser considerado um sistema de Disseminação Seletiva de Informação voltado a bibliotecas.

Ele é organizado em três agentes de software (não é evidenciado qual padrão de modelo de agentes utilizado): agente de captura, agente de interface e agente de notificação. Os descritores são fornecidos e expressos na forma de dados específicos sobre os livros e publicações. O fomento dos dados é estrutural, em banco de dados relacional.

O tipo de interesse é explícito, em que o usuário informa parâmetros de consultas (do tipo booliano). A abordagem é simples, visto que nenhum mecanismo evolutivo é proposto. O tipo de seleção é a exata, feito com rotinas para consulta a banco de dados relacional. Não é dito se existem formas de interoperabilidade.

## 2.4 – Sistema G-ToPSS

Segundo (PETROVIC, LIU e JACOBSEN, 2005), o sistema G-ToPSS é uma proposta de um sistema baseado em difusão altamente distribuída, voltado a escalabilidade de padrões anotados semanticamente.

O padrão anunciado é o da *Web Syndication* (tecnologia que define formatos de marcação XML / RSS, acrônimo para RDF *Site Summary, Really Simple Syndication* ou *Rich Site Summary*) (Seção 2.5).

Os índices são fornecidos pelo mapeamento semântico. O tipo de interesse é externo e a abordagem é simples, visto que o tipo de interesse é externo (não evolutivo). O tipo de seleção é a exata – o interesse é expresso pela assinatura de canais.

## 2.5 – Web Syndication

O conceito *Web Syndication* (ou sindicação de conteúdo Web) define-se como um recurso capaz de fornecer notificações automáticas sobre atualizações de conteúdo disponibilizados na plataforma Web.

Tais tecnologias permitem a composição de regras sintáticas, de dicionários, de tesauros e de definições semânticas complexas entre termos. O propósito da *Web Syndication* é realizar Disseminação Seletiva da Informação, com base em formatos simples de marcação de textos, composto por canais de informação na forma de arquivos. As linguagens utilizadas para representação de arquivos, em geral, utilizaram-se de tecnologias consolidadas para tal fim, como a XML (*eXtensible Markup Language*) e outras variações, conhecidas como RSS.

Cada elemento do arquivo representa uma informação atualizada de um sítio da Web, contendo três componentes básicos: o título da informação, o endereço para acesso ao documento original e um resumo do texto. Demais componentes podem ser adicionados, como autor, data de publicação, entre outros definidos pelo formato.

11

Os arquivos podem ser estáticos, quando criados pelo próprio sítio e atualizados a cada nova informação, ou podem ser dinâmicos, quando criados pelo resultado de consultas num sistema de Recuperação de Informação. O tamanho dos arquivos geralmente são pequenos, para prover rápida leitura e distribuição. Desse modo, uma seleção de quais informações irão compor os arquivos deve ser feita, no entanto, pelos produtores da informação, ou seja, não é observado nesse momento os critérios de interesse. Para atender as expectativas de interesse do usuário, outro sistema deve complementar a ação, chamado agregador, em que é feita a leitura dos arquivos solicitados (assinatura do canal) e, após isso, as informações são organizadas.

A organização das informações pode ser feita de acordo com os interesses mapeados, de forma que considere os termos e as regras definidos pelo formato utilizado. Porém, a técnica de *Web Syndication* não formaliza nenhum modelo de apropriação da necessidade ou do interesse do cliente da informação, devendo o agregador se utilizar de outras teorias para esse fim.

Algumas metodologias comumente relacionadas com o interesse do usuário são definidas trivialmente: quando o consumidor percebe que determinado sítio já visitado recorrentemente produz informações de interesse, é assinado o canal estático desse sítio; quando o consumidor tem a prática de sempre pesquisar sobre um assunto, é configurado um canal dinâmico num sistema de Recuperação. Um dos benefícios dessa abordagem é a simplicidade. Pode-se resumir o processo de sindicação de conteúdo na Web pelas seguintes etapas (Figura 1 e Figura 2):

1. Um sítio cria ou modifica um arquivo de marcação, chamado de *feed*, seguindo um modelo de metadados, com as informações pertinentes. Costuma-se escrever no *feed* as novas atualizações feitas no sítio e apagar aquelas mais antigas. O *feed* é disponibilizado em um endereço Web;

2. Um usuário que navega pelo site encontra o *feed* divulgado e copia o endereço para o sistema de agregação, ou seja, assina o *feed*. O sistema de agregação pode ser tanto um sistema de computador com acesso à internet,

12

quanto um sistema Web ou até mesmo um sistema de dispositivo móvel;

3. O sistema de agregação periodicamente acessa via internet os *feeds* assinados e faz o processamento dos dados, mostrando ao usuário as informações de forma legível. Isto faz com que o usuário não necessite acessar diretamente os sítios para saber se algum novo conteúdo foi gerado. Somente quando algum item do *feed* interessar, ele buscará o endereço original. A utilização das informações contidas nos *feeds* não se restringe somente a esta prática, uma vez que esses dados são processáveis e podem servir de dados de entrada a outros sistemas. Por exemplo, seja um sistema que cadastra livros de diferentes bibliotecas. As bibliotecas disponibilizam os *feeds* relacionados aos "novos livros". O sistema então processa os *feeds* e atualiza a base de dados com os novos itens. No caso, todo o trabalho de cadastro de novos livros é feito por software.

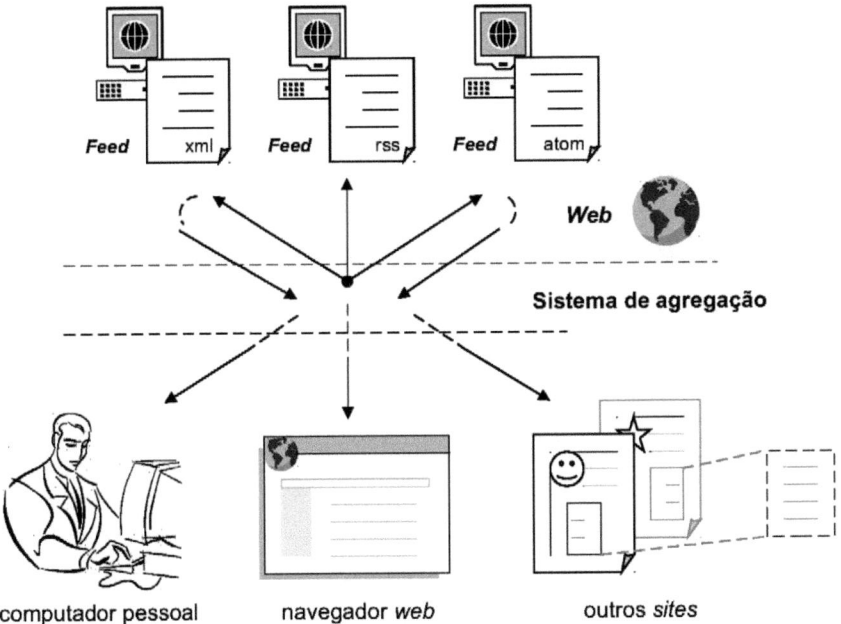

Figura 1. O processo da *Web Syndication*

13

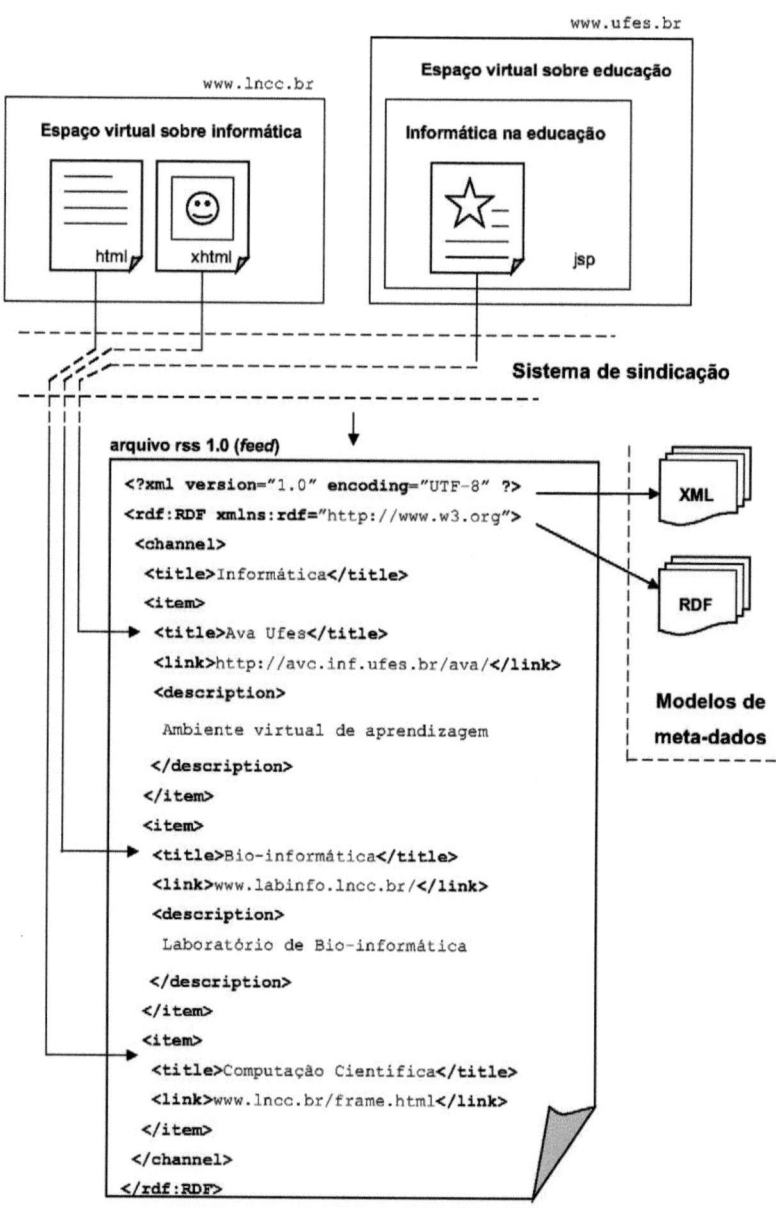

Figura 2. Exemplo de *feed* XML / RSS

14

## Capítulo 3 – Construindo um Sistema

O objetivo deste capítulo é explicitar e elaborar um protótipo de Sistema de Disseminação Seletiva da Informação que atente para os principais requisitos desse tipo de sistema.

Na próxima seção são relatados os requisitos do sistema. Posteriormente, são apresentadas a visão geral do sistema, as funções básicas construídas e as interfaces. O objetivo é servir como referência para a construção de sistemas, ou de módulos de sistemas, que lidam com dados estruturados e não estruturados para a composição do interesse do usuário e seleção de informações de acordo com esse perfil. Para tanto, é proposto um sistema de notícias participativo, em que os textos são submetidos pelos usuários.

### 3.1 – Requisitos do sistema

Para exemplificar o processo de construção de um sistema de Disseminação Seletiva da Informação, propõe-se o exemplo de um sistema em que usuários submetem notícias ou textos informativos. Esse exemplo é comum em sistemas de gerência de conteúdo nas organizações, ambientes voltados para a educação e em redes sociais, em que, a todo momento, novas informações são divulgadas. Grande parte das produções na Web realiza-se por meio de textos livres ou hipertextos, como publicações em *Blogs*, respostas em Fóruns, discussões em *Chats*.

Dependendo do interesse do usuário, haverá uma grande quantidade de informação selecionada e uma possível sobrecarga. Como esses sistemas devem lidar para que o usuário sinta-se confortável ao lidar com um grande volume? Na seleção de dados provenientes de diversas fontes, é comum duplicidade de conteúdo. Ao apresentar essa duplicidade ao usuário, não poderia o sistema gerar desgastes e insatisfação?

Como lidar com informações que lidam do mesmo assunto de maneira que o usuário se interesse na leitura? No cenário de sistemas voltados à cooperação e na coletividade entre as pessoas, qual é o amparo técnico que permitam às pessoas se conectarem em rede, criando vínculos sociais expressivos? No projeto de sistemas, além do mapeamento das informações e dos interesses do usuário, como prover esse encontro entre pessoas? Essa prática é comum em sistemas Web e nos sistemas de disseminação de conteúdo? Como disseminar "pessoas"?

Para que essas indagações sejam respondidas, as consideram-se como motivador para a elucidação dos requisitos a serem observados para a construção desse tipo de sistema. Os conceitos destacados no primeiro capítulo servirão como base para a modelagem de um protótipo, a fim de demonstrar como essas questões possam ser solucionadas.

Os requisitos elicitados para a concepção do protótipo representam os requisitos funcionais e não funcionais do sistema de informação, optando por não se fazer distinção desses, de modo a privilegiar pela organização das ideias.

Quanto à forma de obtenção, o sistema deverá:

1. Ter descritores interoperáveis, por exemplo, por meio de linguagem de marcação de dados fornecidas pela *Web Syndication*;

2. Extrair informação de conteúdos textuais;

3. Gerar descritores a partir dos conteúdos textuais e dos dados do usuário.

Quanto ao fomento do conteúdo, o sistema deverá:

1. Guardar dados sobre as relações entre os textos;

2. Relacionar os dados dos textos com os dados do usuário, a fim de compor o interesse;

3. Buscar usuários com informações em comum, a fim de propor interações entre eles;

A abordagem será complexa, à medida que o interesse não será estático. O tipo de seleção será parcial, obtendo os resultados similares ao interesse. Podem-se propor meios para complementar o sistema de modo a suportar indicações. Quanto à qualidade, o sistema deverá permitir retroalimentação e gerência do interesse. Pelo fato de se trabalhar com textos, a ferramenta terá curva de aprendizagem baixa, reduzindo o esforço cognitivo.

## 3.2 – Visão geral do sistema

O sistema é composto por uma interface de captação de conteúdo (Figura 3), em que os usuários submetem textos que refletem algo que se queira disseminar, por exemplo, uma opinião, um fato ou algo novo produzido por outras fontes de informação.

O texto produzido será base para a composição do interesse do usuário (Seção 3.3), o que posteriormente fará com que sejam selecionados outros textos (Seção 3.4), (Seção 3.5) de diferentes autores. O conjunto de termos compõe a lista de interesse, sendo essa exibida e gerenciada pelo usuário (Seção 3.6). O módulo fornece também serviços de comunicação para que essas informações possam ser recebidas e enviadas para outros sistemas, com as tecnologias da *Web Syndication*.

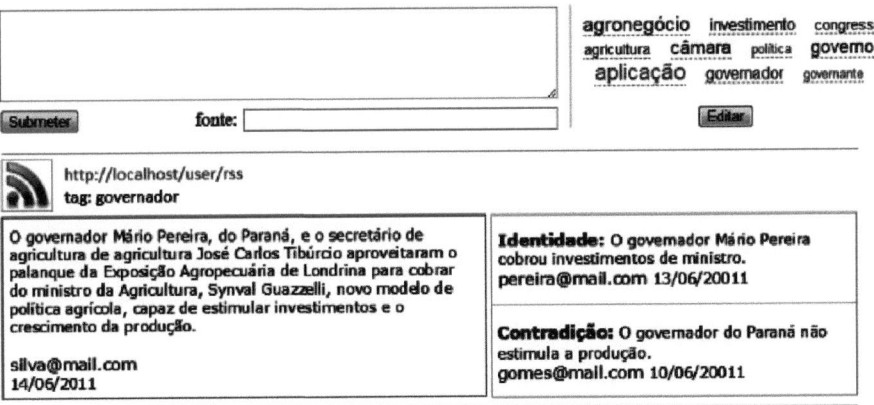

Figura 3. Visão geral do sistema

## 3.3 – Extraindo interesse de textos

De acordo com (BAEZA-YATES e RIBEIRO-NETO, 1999), modelos de representação de textos podem ser formalizados como a quádrupla $[D, Q, F, R(q_i, d_j)]$:

1. D é um conjunto composto pelas visões lógicas dos documentos na coleção, chamadas tipicamente de representações;

2. Q é um conjunto composto pelas necessidades de informação do usuário, chamadas tipicamente de consultas;

3. F é um conjunto de ferramentas (*framework*) para lidar com as representações dos documentos, com as consultas e com os relacionamentos entre esses;

4. $R(q_i, d_j)$ é uma função de ordenação que associa um número real a consulta $q_i$ (pertencente a Q) e representação do documento $d_j$ (pertencente a D).

Outra questão importante, tratada em (BAEZA-YATES e RIBEIRO-NETO, 1999), é a prática de se realizar operações sobre os textos dos documentos, dentre elas pode-se citar: eliminação de palavras indesejadas (*stopwords*); utilização de radicais léxicos dos termos (*stemming*); utilização de substantivos (eliminação de adjetivos, advérbios e verbos).

Para os sistemas de disseminação seletiva da informação, a formalização também é válida caso adaptações sejam feitas ao modelo: D é a representação dos novos documentos; Q é a representação do interesse e F é a representação da seleção.

Dentre os modelos clássicos, tem-se o Vetorial (SALTON, WONG e YANG, 1975). Nesse modelo os documentos são representados como vetores no espaço, em que a dimensão é o total de termos índices (palavras) de todos os documentos no sistema. As consultas também são representadas como vetor de termos da pesquisa. Para calcular a similaridade entre eles é adotada alguma função matemática vetorial, geralmente, cosseno:

$$\cos(\vec{V}, \vec{E}) = \frac{\vec{V}\,\vec{E}}{|\vec{V}||\vec{E}|}$$

18

No modelo (Tabela 1 e Figura 4), o valor escalar de cada dimensão de um vetor é determinado por métodos de ponderação. A principal função desse método é o aumento da eficácia da recuperação, que depende de dois fatores: os documentos que poderão ser relevantes às necessidades do usuário devem ser recuperados e os itens que poderão ser irrelevantes devem ser rejeitados. Pode-se, por meio dessa diretriz, estabelecer as seguintes heurísticas:

1. *Term frequency* (tf): um documento que menciona um termo de consulta com mais frequência estará mais relacionado com a consulta e, portanto, deve receber uma pontuação mais elevada:

$$tf_{i,j} = \frac{n_{i,j}}{\sum_k n_{k,j}}$$

   $n_{i,j}$ = frequência do termo $i$ no documento $j$

2. *Inverse document frequency* (idf): expressões que acontecem em quase todos os documentos não são úteis para diferenciá-los e, portanto, é necessário introduzir um mecanismo para atenuar os efeitos dos termos que muito ocorrem:

$$idf_{i,j} = n_{i,j} \log\left(\frac{D}{\sum_d t_i}\right)$$

   $n_{i,j}$ = frequência do termo $i$ no documento $j$

   $D$ = números de documentos na coleção

   $\sum_d t_i$ = documentos em que a frequência do termo $i$ é maior que zero

3. *Term discrimination* (tf.idf): sugere que as condições ideais são aquelas capazes de distinguir (discriminar) os documentos do restante da coleção e, portanto, obtido pelo produto da frequência do termo pelo inverso do documento:

   $tf_{i,j} \times idf_{i,j}$

# Tabela 1. Exemplificação do modelo vetorial

Sejam os documentos D1, D2 e D3:
D1 - "O governador Mário Pereira solicitou bolsa agrícola para famílias"
D2 - "Ministro da Agricultura esteve com Governador do Paraná"
D3 - "O Governador do Paraná quer investir na agricultura"
Logo, $D = 3$.

Sejam as consultas Q1, Q2 e Q3:
Q1 - "governador Paraná agricultura"
Q2 - "Paraná quer melhor agricultura"
Q3 - "Mário Paraná quer investir na bolsa de valores"

Removendo as palavras indesejadas: "o", "a", "de", "do", "da", "para", "com", "na" e a forma minúscula das palavras, tem-se:

| Termos | $n_{i,j}$ | | | $\dfrac{1}{\sum_k n_{k,j}}$ | $\log\left(\dfrac{D}{\sum_d t_i}\right)$ | $tf \times idf$ | $n_{i,j}$ | | |
|---|---|---|---|---|---|---|---|---|---|
| | D1 | D2 | D3 | | | | Q1 | Q2 | Q3 |
| "governador" | 1 | 1 | 1 | 1/3 = 0.3 | log(3/3) = 0.0 | 0 | 1 | 0 | 0 |
| "mário" | 1 | 0 | 0 | 1/1 = 1 | log(3/1) = 0.5 | 0.5 | 0 | 0 | 1 |
| "pereira" | 1 | 0 | 0 | 1/1 = 1 | log(3/1) = 0.5 | 0.5 | 0 | 0 | 0 |
| "solicitou" | 1 | 0 | 0 | 1/1 = 1 | log(3/1) = 0.5 | 0.5 | 0 | 0 | 0 |
| "bolsa" | 1 | 0 | 0 | 1/1 = 1 | log(3/1) = 0.5 | 0.5 | 0 | 0 | 1 |
| "agrícola" | 1 | 0 | 0 | 1/1 = 1 | log(3/1) = 0.5 | 0.5 | 0 | 0 | 0 |
| "famílias" | 1 | 0 | 0 | 1/1 = 1 | log(3/1) = 0.5 | 0.5 | 0 | 0 | 0 |
| "ministro" | 0 | 1 | 0 | 1/1 = 1 | log(3/1) = 0.5 | 0.5 | 0 | 0 | 0 |
| "agricultura" | 0 | 1 | 1 | 1/2 = 0.5 | log(3/2) = 0.2 | 0.1 | 1 | 1 | 0 |
| "esteve" | 0 | 1 | 0 | 1/1 = 1 | log(3/1) = 0.5 | 0.5 | 0 | 0 | 0 |
| "paraná" | 0 | 1 | 1 | 1/2 = 0.5 | log(3/2) = 0.2 | 0.1 | 1 | 1 | 1 |
| "quer" | 0 | 0 | 1 | 1/1 = 1 | log(3/1) = 0.5 | 0.5 | 0 | 1 | 1 |
| "investir" | 0 | 0 | 1 | 1/1 = 1 | log(3/1) = 0.5 | 0.5 | 0 | 0 | 1 |
| | $w_{i,j} = n(tf \cdot idf)$ | | | $\lvert D_j \rvert = \sqrt{\sum_i w_{i,j}^2}$ | | | $w_{i,j} = n(tf \cdot idf)$ | | |
| "governador" | 0 | 0 | 0 | $\lvert D_1 \rvert = \sqrt{6 \times 0.5^2} = 1.2$ | | | 0.5 | 0 | 0 |
| "mário" | 0.5 | 0 | 0 | $\lvert D_2 \rvert = \lvert D_3 \rvert = 0.7$ | | | 0 | 0 | 0.5 |
| "pereira" | 0.5 | 0 | 0 | $\lvert Q_1 \rvert = \lvert Q_2 \rvert = 0.5 ; \lvert Q_3 \rvert = 1.0$ | | | 0 | 0 | 0 |
| "solicitou" | 0.5 | 0 | 0 | $Q \cdot D_j = \left(\sum w_{i,j}\right) \times q_{i,j}$ | | | 0 | 0 | 0 |
| "bolsa" | 0.5 | 0 | 0 | $\cos(Q1, D1) = 0/0.6 = 0$ | | | 0 | 0 | 0.5 |
| "agrícola" | 0.5 | 0 | 0 | $\cos(Q1, D2) = 0.2/0.4 = 0.5$ | | | 0 | 0 | 0 |
| "famílias" | 0.5 | 0 | 0 | $\cos(Q1, D3) = 0.2/0.4 = 0.5$ | | | 0 | 0 | 0 |
| "ministro" | 0 | 0.5 | 0 | $\cos(Q2, D1) = 0/0.6 = 0$ | | | 0 | 0 | 0 |
| "agricultura" | 0 | 0.1 | 0.1 | $\cos(Q2, D2) = 0.2/0.4 = 0.5$ | | | 0.1 | 0.1 | 0 |
| "esteve" | 0 | 0.5 | 0 | $\cos(Q2, D3) = 0.3/0.4 = 0.8$ | | | 0 | 0 | 0 |
| "paraná" | 0 | 0.1 | 0.1 | $\cos(Q3, D1) = 0.5/1.2 = 0.4$ | | | 0.1 | 0.1 | 0.1 |
| "quer" | 0 | 0 | 0.5 | $\cos(Q3, D2) = 0/0.7 = 0$ | | | 0 | 0.5 | 0.5 |
| "investir" | 0 | 0 | 0.5 | $\cos(Q3, D3) = 0.3/0.7 = 0.4$ | | | 0 | 0 | 0.5 |

Maior relevância: *Q1 → (D2, D3); Q2 → D3; Q3 → (D1, D3)*

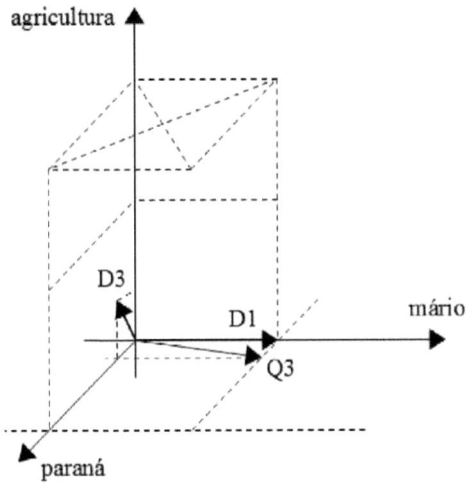

Figura 4. Ilustração do modelo Vetorial

No exemplo da consulta Q3 da Tabela 1, os resultados não foram precisos e nota-se uma limitação do modelo vetorial em tratar polissemia, ou seja, termos que podem ser usados para expressar coisas diferentes em contextos diferentes ("bolsa" relacionada à "economia" – "bolsa de valores" – e "bolsa" relacionada ao "benefício" – "bolsa agrícola"). A escolha por indexação de termos é outro fator limitante, em que o uso por sintagmas poderia ser mais adequado, observado em "Mário Paraná", "Governador do Paraná" e "Mário Pereira". Por último, outra deficiência comum no modelo é a questão de palavras diferentes com significados próximos, visto em "agrícola" e "agricultura".

Não obstante a essas questões, o modelo vetorial pode ser usado para extração de termos para representar o interesse do usuário. O modelo vetorial pode ser estendido ou adaptado, com base em outras técnicas, para aumentar a semântica e o contexto na representação dos documentos, a fim de melhorar a eficiência. Citam-se:

1. Booliano Vetorial: adiciona-se uma linguagem de relacionamento booliano entre os termos da consulta: e, ou, não. As funções de similaridade contemplam tais condições (BEIGBEDER, 2005);

21

2. Indexação semântica latente: questiona-se a significância da palavra-chave como candidata a índice. Estabelece casamento conceitual entre documentos e consultas, por meio da redução do espaço vetorial, em operações algébricas (DEEWESTER, DUMAIS, et al., 1990);

3. Baseado em tópicos: questiona-se a independência dos índices (vetores ortogonais), considerando que certos conceitos são relacionados. Compõe o espaço vetorial por meio de tesauros e de ontologias, selecionando as entidades representativas como dimensões (BECKER, 2003);

4. Baseado em redes neurais (máquina vetorial): utiliza-se do casamento de padrões entre consultas e documentos, em que cada pesquisa resulta num sinal que ativa os termos índice, em interações sucessivas. O conjunto resposta é definido por meio desse processo e poderá conter documentos que não compartilham nenhum termo índice da consulta, mas que tenham sido ativados durante o processo (HEARST, DUMAIS, et al., 1998).

Em sistemas de computação é comum o uso de mecanismos para correlacionar signos e aportar significantes computacionais, por meio de estruturas de representação ou de gerência do conhecimento, de comunidades científicas ou de grupo de especialistas. Em recente literatura, encontram-se aqueles sistemas apoiados por tesauros e por ontologias.

Em (MEDEIROS, 2011), encontram-se definições de vários autores sobre tesauro e sobre ontologia. Resumidamente, um tesauro é um sistema hierárquico e semântico baseado em conceitos e vocabulário controlado, apresentando relações entre os termos constituintes. Em (DIAS-DA-SILVA, FELIPPO e NUNES, 2008), é relatado uma rede lexical semântica, para termos do Português do Brasil, capaz de indexar sinônimos, antônimos, hiperônimos, hipônimos, merônimos, holônimos entre outros tipos de relações, inerentes a linguagem. Tais propriedades podem ser úteis para aumentar o número de termos que representarão o interesse ou delimitar, dentre as polissemias, qual o significado se refere a palavra.

22

## 3.4 – Selecionando vários textos

Após a etapa de extração de termos que podem representar o interesse do usuário a partir dos textos produzidos por ele, o próximo passo é encontrar textos que possam ser semelhantes a esse interesse. Para isso, é comum definir o conjunto de termos e a representação, por exemplo, o modelo vetorial, como uma ou mais classes de um sistema de classificação, ou seja, a classe do usuário.

Exemplificando, os termos mais comuns da Tabela 1, "governador", "agricultura" e "paraná" poderiam representar a classe ou a categoria do usuário que submeteu aqueles textos. A partir de novos textos de outros usuários, faz-se a classificação desses documentos com o objetivo de verificar se eles podem ser do interesse do usuário ou não, se utilizando dos termos ou da representação dos termos (vetor) no algoritmo de classificação. São comuns as estratégias:

1. Algoritmo k-NN: dado um texto, o algoritmo encontra os $k$ documentos vizinhos classificados, usando cosseno como similaridade, ordenando a classificação ou pelos $n$ primeiros resultados ou pelo limiar de similaridade definido para cada categoria;

2. Treinamento de máquina e cálculo de centroide: dado um texto, o algoritmo calcula similaridade (cosseno) com o centroide das classes de documentos e estabelece um limiar dado pela média das similaridades menos o desvio padrão da classe;

3. Treinamento de máquina e programação genética: definição de regras lógicas para cada categoria, que são evoluídas segundo a programação genética, dados um conjunto de documentos para treinamento e funções de aptidão estabelecidas.

Para avaliar a eficiência do melhor algoritmo de classificação automática, pode-se listar vários métodos de comparação, que basicamente fazem um comparativo entre as relações anotadas automaticamente e as anotadas de forma manual:

23

1. Precisão (*Precision*): proporção entre o número de documentos relevantes classificados (somente os que deveriam ser classificados, dentre todos os que foram anotados) e o número total de documentos anotados;

2. Abrangência (*Recall*): proporção entre o número de documentos relevantes classificados (somente os que deveriam ser classificados, dentre todos os que foram anotados) e o número de documentos relevantes para o universo da classificação;

3. *F-measure*: é a média harmônica entre precisão e abrangência, sendo útil para estimativa de erros da classificação, sendo que é necessário aumento nos acertos para que a métrica também aumente de valor;

4. Acurácia (*Accuracy*): fração do número de documentos classificados que são corretamente definidos para a classe;

5. Erro (*Error*): ao contrário da acurácia, é a fração do número de documentos classificados que são incorretamente definidos para a classe.

Uma boa prática para sistemas de Disseminação Seletiva da Informação é que as classes não sejam somente definidas pelos termos extraídos dos textos, mas também considerar os dados do usuário. Por exemplo, usuários com baixa faixa etária são propícios a ter interesse em termos infantis, assim como do sexo feminino terem interesses em termos femininos. A correlação desses termos pode ser feita de forma intuitiva e manual, mas também automaticamente por meio de técnicas de mineração de dados, baseados em dados estatísticos.

O modelo linguístico computacional *Cross-Document Structure Theory* – CST (RADEV, 2000) – visa estabelecer relações de natureza semântico discursiva (identidade, similaridade, contradição, temporalidade) entre unidades informativas textuais de diferentes documentos. O resultado do algoritmo é usado em operadores de seleção para compor um único documento resumido (sumarização automática). Originalmente, o trabalho é inspirado nas seguintes referências:

24

1. (TRIGG, 1983) (TRIGG e WEISER, 1986): propõe um modelo de relacionamento entre sentenças textuais, baseado na composição de tipos básicos de ligações, de maneira que estabelece se uma sentença é uma argumentação, uma contradição ou um cenário de outra sentença. Os tipos são definidos com base em propriedades identificadas por padrões linguísticos mapeados;

2. (MANN e THOMPSON, 1987): define o modelo linguístico discursivo RST (*Rhetorical Structure Theory*), sendo uma metodologia para análise do discurso que propõe o agrupamento de frases satélites em torno de uma frase central, ou núcleo. O núcleo relaciona-se com seus satélites e com outros núcleos por meio de relações definidas pelo modelo.

O modelo CST propõe uma metodologia para representação de relações entre unidades textuais, definindo tais relações. Para o modelo, um documento é composto de parágrafos, um parágrafo é composto de sentenças, uma sentença é composta de sintagmas e um sintagma é composto de palavras. Uma unidade textual será quaisquer dessas: ou o documento todo, ou um parágrafo e assim sucessivamente.

As correlações se estabelecem entre qualquer nível de unidade, formando um grafo de relações, em que cada nó representa a unidade informativa textual e as arestas representam as relações entre elas. No modelo original (RADEV, 2000) foram propostas 24 relações. Para a Língua Portuguesa do Brasil, o conjunto de relações foi refinado para 14 relações e classificados em categorias de relações (JORGE, 2010).

A tipologia definida em (JORGE, 2010), organiza as relações em duas categorias principais: de conteúdo, que agrupa relações primárias como similaridade, complementaridade e contradição; e de apresentação, que define aspectos secundários da informação, como a atribuição de autoria e identificação de traduções para outras línguas. Essa subdivisão é uma iniciativa de minimizar a ambiguidade e a subjetividade que as relações possam transmitir.

25

A formalização das relações, em (RADEV, 2000), é feita por meio de textos livres, não se fundamentando por modelos lógicos, uma vez que a concepção da metodologia é voltada para a construção de bases anotadas por agentes humanos, logo, a explicação textual facilitara o entendimento.

Por conseguinte, (RADEV, 2000) expôs que é possível a criação de métodos para obtenção das relações de forma automática, por meio de algoritmos de aprendizagem e técnicas de computação de linguagem natural, após anotação de coleções por especialistas humanos.

O método voltado à classificação automática de relações CST, detalhado em (ZHANG e RADEV, 2004), opera sobre um conjunto de processamentos sequenciais, tendo como pré-requisitos: construção de coleções manualmente anotadas (ZHANG, OTTERBACHER e RADEV, 2003) e treinamento dos classificadores não lineares (FREUND e SCHAPIRE, 1997). Realizada a aprendizagem de máquina, segue-se:

1. Para novos textos, ainda não rotulados, é feito um agrupamento (*clustering*) por meio de algoritmos estatísticos, a fim de refinar a coleção em pequenos conjuntos com alta probabilidade de existência das relações;

2. Para cada conjunto, são realizados operações sobre os textos para determinação de estruturas lexicais, sintáticas e semânticas. As estruturas são parâmetros avaliados pelo classificador;

3. A máquina realiza a classificação das sentenças, por correspondência de padrões, gerando o grafo CST daquele conjunto de textos.

Conforme (ZHANG e RADEV, 2004), os resultados encontrados não foram satisfatórios. Visando aperfeiçoar a eficácia, (MURAKAMI, NICHOLS, et al., 2009), (KAWAHARA, INUI e KUROHASHI, 2010) e (MURAKAMI, NICHOLS, et al., 2010) adicionaram outras técnicas de análise, como alinhamento estrutural (BROWN, LAI e MERCER, 1991). Cada relação foi tratada por classificadores diferenciados, utilizando-se de máquinas vetoriais. As soluções obtiveram melhores resultados.

Para o Português do Brasil, encontram-se as soluções expostas em (MAZIERO, 2012) (MAZIERO, JORGE e PARDO, 2014) em que é exposto uma metodologia de identificação dessas relações por meio de técnicas de aprendizado de máquina e de regras sintáticas de identificação. Para melhoria dos resultados, foi demonstrado que se utilizando da hierarquia proposta por (JORGE, 2010) obtêm-se classificadores com boa eficiência.

Além das relações CST, (RADEV, 2000) propôs etapas para sumarização: os textos são estruturados internamente após processo de análise de estruturas lexicais, sintáticas e semânticas; após essa etapa de análise, as relações CST são estabelecidas e as unidades textuais relacionadas são organizadas no grafo; na última etapa do método, o conteúdo é selecionado de acordo com a informação dada pelas relações.

O autor propõe também, na etapa de seleção, utilizar operadores de preferência. Para um operador de contradição, por exemplo, as sentenças relacionadas por meio da relação *Contradiction* terão uma preferência maior.

Em (JORGE, 2010), são propostos: operador de apresentação de informação contextual; operador de apresentação de eventos que evoluem no tempo; operador de identificação de autoria; operador de redução de redundância e operador de exibição de informações contraditórias. É manifestada a possibilidade de execução de vários operadores, por ordem inversa de preferência e a criação de novos operadores.

## 3.5 – Um modelo vetorial estendido

A organização e o refinamento das relações CST estagiam entre a evolução teórica da metodologia e a validação experimental dos métodos de obtenção automática. As propostas que se utilizaram de máquinas vetoriais obtiveram melhores resultados, mas ainda relatam a necessidade de construção de coleções manualmente anotadas. A anotação de coleções ou de bases (corpus) é o processo de adicionar novas informações em textos (adicionar etiquetas), seja por humanos (anotadores) ou por sistemas treinados (anotação automática).

27

A anotação serve como insumo para alimentar métodos de aprendizado, buscar por fenômenos linguísticos, gerar estatísticas ou testar teorias linguísticas. A necessidade de bases anotadas é um fator que reduz a aplicabilidade do método de identificação automática das relações CST, visto que a tarefa de classificação manual exige esforços de especialistas. Aliado a isso, a subjetividade conceitual das relações podem ocasionar ruídos indesejáveis (AFANTENOS et al. 2004).

Portanto, outro norte voltado à aplicabilidade é desejável. Para o uso em sistemas de disseminação seletiva, em que é comum grande volume de dados, as soluções vetoriais indicam-se como apropriadas. Dessa forma, o objetivo desta seção é propor uma solução baseada na geração de grafos conceituais a partir de texto (KOWATA, 2010), de forma a servirem como diretriz para a visão lógica dos documentos de um modelo vetorial (SALTON, WONG e YANG, 1975).

A ideia central é se utilizar de uma solução independente de base anotada. Parte-se do princípio que de um texto é possível gerar um grafo conceitual, que é um conjunto de proposições do tipo "conceitos – relação – conceitos", ou "sujeitos – relação – predicados", denominado de tripla conceitual.

Segundo (DIESTEL, 2005), grafo é uma estrutura matemática, definida por $G = (V, E)$, sendo $E$ (arestas) o conjunto que representa as associações entre os elementos do conjunto $V$ (vértices). Em (SOUZA, BOERES, et al., 2006), é estabelecido equivalência entre mapas conceituais e grafos.

De acordo com (KOWATA, 2010), o reconhecimento de mapas conceituais a partir de texto (expresso em Português do Brasil) é a capacidade de se representar um documento $d$ por meio de um mapa conceitual $mc$. Sendo o documento $d$ constituído por sentenças $s_1...s_n$, ou seja, $d = \{s_1, s_2, ..., s_n\}$, para cada sentença $s_i$ existem proposições $p_i..p_n$ a serem extraídas que possibilitam a construção de um mapa conceitual $mc$ (KOWATA, 2010). Uma proposição $p_i$ é definida por um conjunto de três elementos ordenados, $c_{1i}$, $r_i$ e $c_{2i}$, nos quais $c_{1i}$ e $c_{2i}$ são conceitos e $r_i$ uma relação entre esses conceitos.

28

Percebe-se que tais definições remontam a concepção clássica de "sujeito" e "predicado", constituintes da "oração". Em (KOWATA, 2010), entende-se "conceito" como um número reduzido de palavras que definem "uma regularidade percebida em objetos e eventos" e "relação" como uma proposição rotulada entre conceitos.

Ainda conforme (KOWATA, 2010), a transformação da sentença $s_i$ em triplas no formato {conceito – relação – conceito}, designado de "tripla conceitual", requer a identificação prévia dos elementos candidatos, por meio de reconhecimento de padrões linguísticos e de entidades nomeadas.

A construção de proposições a partir de conceitos e de relações é delimitada por processos decisórios de rearranjo entre os elementos do discurso, mapeados morfossintaticamente, com objetivo de formular triplas conceituais (proposicionais). Em (KOWATA, 2010), são propostas sete atividades básicas para a construção de mapas conceituais a partir de texto em Português do Brasil. É relatado também uma experimentação da metodologia e detalhes que a cercam. Para melhor entendimento, as etapas foram resumidas adiante:

1. O conteúdo do documento é normalizado, eliminando formatações impróprias ou o convertendo para apresentação textual;

2. O texto é separado em orações (frases) ou em sentenças (conjunto de orações), utilizando-se da identificação de caracteres de pontuação e finalizadores. O desafio é a correta distinção entre sinais de fim de sentença e os elementos de demarcação (datas números, abreviações, etc.);

3. As sentenças são divididas em entidades nomeadas (palavras, nomes, numerais, etc.), por meio de algoritmos de reconhecimento;

4. Cada entidade é classificada (etiquetada) morfologicamente, ou seja, é verificado se corresponde a substantivo, verbo, pronome, preposição, advérbio, conjunção, artigo ou outra classe gramática específica;

5. Por meio de um conjunto de padrões linguísticos e pelas etiquetas

morfológicas, grupos sintagmáticos são identificados: sintagmas nominais, sintagmas verbais, sintagmas preposicionais, sintagmas adjetivais, sintagmas adverbiais ou outros tipos definidos em expressões regulares e em autômatos finitos. Relacionam-se os sintagmas à identificação de elementos candidatos a conceitos e a relações;

6. Uma vez estabelecidos os candidatos (sintagmas), estruturam-se como nós de grafos. Aqueles com núcleos verbais ou preposicionais são mapeados em arestas e os com núcleos nominais são mapeados em nós. Um interpretador de dependências pesquisa a posição mais adequada no grafo para subsumir novos elementos, por meio de proximidade dos nós afins, de acordo com regras de aproximação pré-definidas. Não são abordadas todas as circunstâncias sintáticas possíveis, mas as suficientes para contemplar a generalidade da proposta;

7. Por último, os grafos são percorridos e arranjos na forma de proposições são definidos, gerando-se estruturas passíveis de se representar graficamente por mapa conceitual.

Os grafos conceituais serão a organização básica do conjunto de triplas conceituais detectadas a partir de textos, de forma a se apresentar como um tipo especial de grafo colorido direcionado, em que vértices conceitos terão como adjacentes somente vértices relação, e relação somente vértices conceitos. Quando os vértices conceitos se portarem como filhos da relação, receberão denominação "predicado". De outra forma, quando os vértices conceitos forem pais, então serão denominados de "sujeito".

Seja o exemplo de grafo conceitual gerado (Figura 5) (KOWATA, 2010): *"O governador Mário Pereira, do Paraná, e o secretário da agricultura José Carlos Tibúrcio aproveitaram o palanque da Exposição Agropecuária de Londrina para cobrar o ministro da Agricultura, Synval Gazzeli, novo modelo de política agrícola capaz de estimular investimentos e o crescimento da produção."*

30

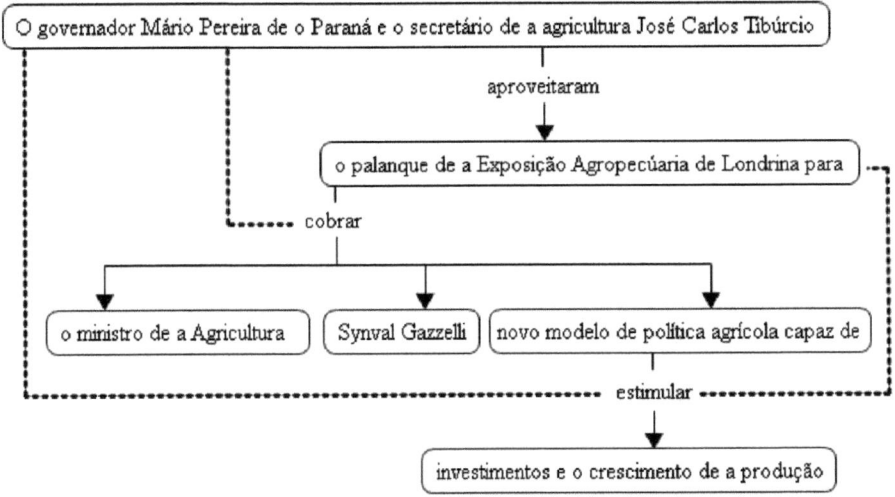

Figura 5. Proposta de grafo conceitual gerado a partir de texto

Destaca-se um ponto importante relacionado à identificação de elementos centrais ao grafo: o vértice mais acima da última figura é aquele que possui o maior número de filhos (3) e o menor número de pais (0), ou seja, um indicativo de relevância. Em ordem inversa, vale-se para o vértice mais abaixo.

Essa característica conduz a uma heurística voltada à seleção de elementos de valor informacional e à síntese desses: o grau dos vértices é um indicativo de fator de ponderação do grafo, em que vértices com maior número de filhos e menor quantidade de pais serão candidatos a sujeitos principais (maior ponderação) e o mesmo vale ao inverso, ou seja, vértices com maior número de pais e menor número de filhos serão candidatos a predicados principais (maior ponderação). Logo, a relação que interliga sujeitos principais a predicados principais deverá ter maior importância.

Seguindo esse raciocínio, no exemplo da Figura 5 a tripla {"O governador Mário Pereira e o secretário de a agricultura José Carlos Tibúrcio", "aproveitaram", "o palanque de a Exposição Agropecuária de Londrina"}, teria a menor relevância dentre as outras triplas, o que na prática se confirma, pois tal informação pode ser

31

vista como algo adicional ao contexto, em que se mantém o sentido do grafo conceitual mesmo com exclusão da tripla. A utilidade dessa observação se manifestará na composição dos pesos vetoriais e na resolução de anáforas (FREITAS, 2005).

A abordagem computacional proposta por (KOWATA, 2010) parte do reconhecimento de mapas conceituais a partir de um único documento (texto) e logo, provavelmente feito por um grupo reduzido de autores ou um único autor. Desse modo, pode-se afirmar que esse artefato está próximo da construção individualizada do conceito, estando presente apenas no modelo mental de cada indivíduo, o que pode tornar impreciso o compartilhamento ou a identificação de correlações semânticas (conceituais) entre discursos. Desse modo, para relacionar conceitos de diferentes textos, é necessário um suporte ferramental linguístico.

Pode-se formalizar um modelo linguístico por teoria dos conjuntos: existe um conjunto $K$, tal que $K$ é o domínio e contradomínio de todos os signos, ou a base de conhecimento, e existem funções do tipo $f:K \rightarrow K$, que associam um signo a outros, mesclando os significados. Por exemplo, pode-se definir as seguintes funções:

1. *i(k)* – função identidade: dado um signo $k$ (termo, palavra, sintagma, etc.), são retornados aqueles signos em que todas as afirmações válidas para $k$ também são válidas para esses. Por exemplo, podem-se adotar os sinônimos e os hipônimos de uma rede lexical semântica – $i$('feliz') = {'feliz', 'alegre', 'contente'};

2. *s(k)* – função similaridade: dado um signo $k$, são retornados aqueles signos em que parte das afirmações válidas para $k$ também são válidas para esses. Por exemplo, podem-se adotar as derivações, hiperônimos, merônimos, holônimos de uma rede lexical semântica – $s$('feliz') = {'ditoso'};

3. *c(k)* – função contradição: dado um signo $k$, são retornados aqueles signos em que todas as afirmações válidas para $k$ não são válidas para esses. Por exemplo,

podem-se adotar os antônimos de uma rede lexical semântica – $c$('feliz') = {'infeliz'}.

Dessa maneira, pode-se afirmar que as funções identidade e contradição são sobrejetivas, visto que, na função identidade, o argumento sempre estará no contradomínio e, na função contradição, a negação do argumento. Entende-se por negação o signo correspondente a forma negativa desse, geralmente, acrescido da palavra "não" ("não feliz") ou do prefixo "in" ("infeliz") e de outros.

Estabelecidas essas possibilidades, o propósito é realizar a indexação de triplas conceituais e rever o modelo vetorial, de maneira que se consiga identificar automaticamente correlações semânticas, ou relações CST, entre os discursos de cada novo documento. Segundo (LANCASTER, 2004), a indexação de conteúdo se apresenta de duas formas:

1. Indexação seletiva: propõe a generalização do documento em classes abstratas de organização;

2. Indexação exaustiva: proporciona indicações mais específicas, possibilitando maior número de pontos de acesso.

Dado que a tripla representa proposições sobre conceitos, pode-se utilizar de expansão da indexação, por meio do modelo linguístico, para reafirmar a proposição, de forma que a reescrita corresponda ao que se espera da correlação.

A intenção é que, gerando-se o grafo conceitual de novos textos, as triplas conceituais sejam representadas de forma vetorial contemplando possíveis correlações com triplas de outros documentos. Por exemplo, seja a tripla conceitual {"Mário", "investe", "agricultura"}, ela poderá ser indexada também na forma {"Mário", "incentiva", "agricultura"}, para a correlação identidade. Assim, um documento não seria indexado como um único vetor de $n$ dimensões (modelo vetorial clássico), mas como um conjunto de vetores índices correspondentes as triplas encontradas no conteúdo, multiplicado pela quantidade de correlações abordadas.

Sujeitos, relação e predicados formarão espaços vetoriais diferentes, respectivamente. Ou seja, o espaço vetorial clássico (SALTON, WONG e YANG, 1975) será subdivido em três espaços: espaço dos sujeitos, espaço das relações e espaço dos predicados. A identificação das correlações se estabelece quando há correspondência entre os vetores nos três espaços, ou, no campo vetorial (conjunto de espaços). Assim, a similaridade entre triplas pode ser calculada pela multiplicação dos cossenos.

$$\text{sim}(T_i, T_j) = \cos(\vec{S}_i, \vec{S}_j)\cos(\vec{R}_i, \vec{R}_j)\cos(\vec{P}_i, \vec{P}_j)$$

$\vec{S}_n$ = vetor dos termos dos sujeitos da tripla $n$

$\vec{R}_n$ = vetor dos termos da relação da tripla $n$

$\vec{P}_n$ = vetor dos termos dos predicados da tripla $n$

Dessa forma, as triplas serão indexadas no campo vetorial, formado por três espaços, e os espaços terão a dimensão correspondente aos termos indexados de cada tripla, como ilustrado na Tabela 2. O valor da similaridade entre as triplas será afetado por cada um dos espaços.

Tabela 2. Exemplo simples de indexação de triplas conceituais

| Termos | D1 | | | D2 | | | |
| --- | --- | --- | --- | --- | --- | --- | --- |
| | S1 | R1 | P1 | S2 | R2 | P2 | |
| "Paraná" | 1 | | | 1 | | | $\text{sim}(T_i, T_j) = \cos(\vec{S}_i, \vec{S}_j)\cos(\vec{R}_i, \vec{R}_j)\cos(\vec{P}_i, \vec{P}_j)$ |
| "bolsa" | | | 1 | | | 1 | |
| "solicitou" | | 1 | | | 0 | | $\text{sim}(T_i, T_j) = 1.0 \times 0.0 \times 0.7 = 0.0$ |
| "agrícola" | | | 1 | | | 0 | |
| "investe" | | 0 | | | 1 | | |

D1 - "Paraná solicitou bolsa agrícola"
D2 - "Paraná investe na bolsa"

No exemplo da Tabela 2, a comparação entre os documentos *D1* e *D2* assume valor zero, visto que os vetores não possuem semelhança no espaço relação, mesmo que em outros espaços sejam próximos. Nota-se que houve uma evolução do modelo vetorial quanto à polissemia.

34

Para os pesos dos vetores, pode ser adotada a heurística expressa anteriormente, ou seja, a quantidade (grau) de filhos, quando um vértice for sujeito, e a quantidade de pais, quando for predicado, ou funções matemáticas que normalizem tais características. O mesmo vale para as relações, cuja relevância deverá refletir o fato de que se operam sobre conceitos que são menos ou mais significativos para o grafo.

Utiliza-se das funções presentes no modelo linguístico para delimitar o espaço solução do modelo de indexação das triplas conceituais de maneira que, dado uma tripla conceitual, possa se estabelecer um conjunto de outras triplas (vetores) que possuem um significante, agora proposicional. De certo modo, pode-se estabelecer uma referência à lógica proposicional para elucidar como proposições podem ser reescritas na forma de identidade, parcialidade e negação (contradição).

Outrora designadas como função no modelo linguístico, pode-se refinar relações CST para as seguintes correlações semânticas: identidade, similaridade e contradição (que para o modelo serão as formas de indexação das triplas conceituais). Uma formalização é apresentada:

1. Identidade – correlação entre triplas conceituais em que, dada uma tripla conceitual $\{S, R, P\}$, tal que $S$ é o conjunto de todos os sujeitos da relação $R$ e que $P$ é o conjunto de todos os predicados, têm-se os seguintes vetores a serem indexados:

   $\{i(\vec{S}), i(\vec{R}), i(\vec{P}),\}$

   Ou seja, aplica-se $i(k)$ (função identidade) para todos os signos de $S$, $R$ e $P$.

   $\{i(\vec{S}), c(\vec{R}), c(\vec{P}),\}; \{c(\vec{S}), c(\vec{R}), i(\vec{P}),\}; \{c(\vec{S}), i(\vec{R}), c(\vec{P}),\}$

   Para as orações do tipo: "Mário é feliz" e "Mário não é triste".

2. Similaridade – do mesmo raciocínio do item anterior:

   $\{i(\vec{S}), i(\vec{R}), s(\vec{P}),\}; \{i(\vec{S}), s(\vec{R}), s(\vec{P}),\}; \{s(\vec{S}), s(\vec{R}), s(\vec{P}),\}$

   $\{s(\vec{S}), s(\vec{R}), i(\vec{P}),\}; \{s(\vec{S}), i(\vec{R}), i(\vec{P}),\}; \{s(\vec{S}), i(\vec{R}), s(\vec{P}),\}$

3. Contradição – do mesmo raciocínio do item anterior:

$$\{c(\vec{S}),i(\vec{R}),i(\vec{P}),\};\{i(\vec{S}),c(\vec{R}),i(\vec{P}),\};\{i(\vec{S}),i(\vec{R}),c(\vec{P}),\};\{c(\vec{S}),c(\vec{R}),c(\vec{P}),\}$$

Outras correlações semânticas, além das básicas mencionadas, podem ser propostas, desde que suportadas por modelo linguístico. Por exemplo, se houvesse a função denominada temporalidade *t(k)* que dado um signo *k* retornasse todos aqueles que possuem afirmações temporais sobre *k* – como em *t*('namoro') = {'noivado', 'casamento', 'separação'} – então se pode propor um correspondente para correlação semântica entre triplas conceituais.

Um aspecto a ser investigado na proposta são as orações na ordem invertida, por exemplo, "Feliz é Mário" e "Uma bolsa agrícola foi solicitada por Mário". Nesses exemplos, a inversão não ocasionou mudança de sentido da frase, dado que as formas verbais permitem tal condição. Porém, em outras frases como "Agricultura incentiva Mário", a coerência da oração foi comprometida e a inversão altera o sentido.

Pode-se optar pelo detrimento da última forma verbal, ainda que diminua a eficiência, e indexar também as triplas com o sujeito e o predicado invertidos, no entanto, deve-se investigar se a forma verbal permite a ordem inversa.

O procedimento para indexação de grafos conceituais é uma atividade que consiste na expansão dos signos de cada tripla conceitual (subgrafo), por meio de funções do modelo linguístico, e na geração de vetores para cada espaço do campo vetorial (sujeito, relação e predicado), como ilustrado na Figura 6. Observa-se na figura que as dimensões entre os espaços podem ser diferentes, o que na prática é provável que se concretize, visto que o número de verbos é menor que o número de substantivos.

A identificação das correlações (Figura 7) entre textos pode ser realizada quando, dado um novo documento e gerado o grafo conceitual, para cada tripla formada realiza-se uma consulta vetorial a coleção de triplas expandidas já indexadas. O resultado pode ser guardado em listas ordenadas pelo valor de similaridade (cosseno).

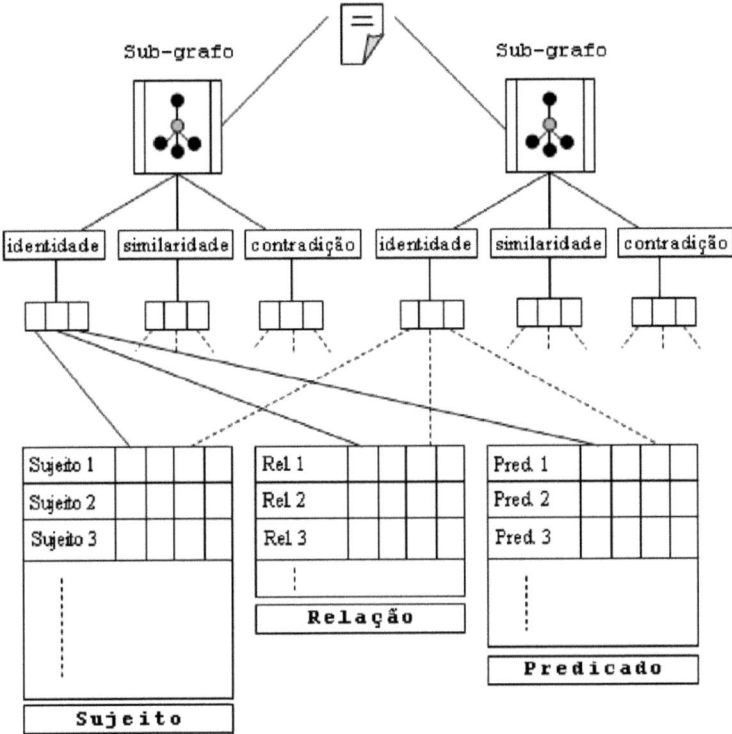

Figura 6. Indexação das correlações intertextuais básicas

Resumidamente, o modelo vetorial estendido proposto pode ser visto como uma sequência de atividades voltadas à obtenção de correlações entre textos por meio de pesquisa vetorial a base de triplas conceituais estendidas e indexadas de forma exaustiva. Os passos sequenciais do modelo podem ser enumerados:

1. Para cada novo texto, gera-se o grafo conceitual, conforme o que foi detalhado nos parágrafos anteriores;

2. Anterior a indexação do novo texto, as triplas proposicionais do grafo conceitual geram consultas vetoriais a base indexada, que possui informações suficientes para definir se o resultado corresponde às correlações de identidade, de similaridade ou de contradição (e outras possíveis);

37

3. Pesquisada as correlações, parte-se para indexação do grafo. As triplas conceituais contidas no grafo são expandidas por meio das funções providas por modelo linguístico e definidas por correlação (identidade, similaridade e contradição);

4. Toda tripla é indexada na forma de conjunto de três vetores correspondentes ao campo vetorial formados pelos espaços sujeito, relação e predicado;

5. Ao passo que novos documentos forem sendo indexados e as relações estabelecidas, a base de correlações se tornará uma rede semântica entre textos.

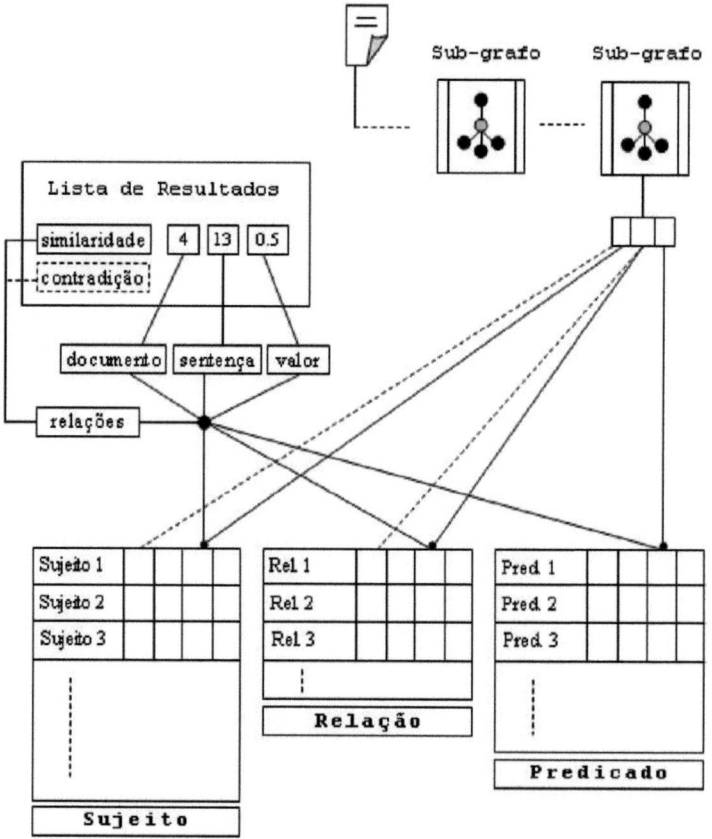

Figura 7. Pesquisa das correlações semânticas

É evidente que o processo de identificação das correlações dependerá da eficácia dos sistemas condicionantes da proposta (gerador de grafo conceitual e modelo linguístico). O importante é que esses são passíveis de construção. Ressalta-se que o modelo proposto é útil para identificação de correlações semânticas entre textos. Para sistemas de Disseminação Seletiva, o modelo é adequado à medida que o interesse possa ser expresso textualmente, o que é usual.

## 3.6 – Gerenciando o interesse do usuário

Em sistemas de Disseminação Seletiva da Informação é desejável que o próprio usuário decida sobre o que é de interesse. Então, além da representação do interesse no formato computacional extraído automaticamente, é necessário que os critérios adotados sejam claros aos usuários e que esses possam configurá-los, de forma que os resultados sejam próximos do que eles esperam. Se o sistema utiliza de dados do próprio usuário, então deve prover interfaces de cadastro das informações pessoais.

Para as informações extraídas da ação do usuário no sistema, como cliques, opções de navegação, preferências de conteúdo e, no caso do exemplo, os próprios textos submetidos, deve-se mostrar ao usuário qual impacto dessas ações para a seleção das informações e opções de confirmação das decisões do sistema.

Por exemplo, no sistema é exibido, ao lado da interface de submissão de textos, todos os termos mais comuns por ele submetido, utilizando-se da técnica *Tag Cloud*, descrita em (KUO, HENTRICH, et al., 2007). Nessa técnica, palavras de maior relevância para o algoritmo são exibidas em um fonte maior, ou seja, são destacadas e evidenciam para o usuário a escolha dos textos que serão selecionados.

Um botão para uma nova tela é apresentado e o usuário pode optar por cancelar os termos automaticamente oferecidos pelo sistema. Pode-se também oferecer meios para que o próprio usuário insira termos ou temáticas na lista de palavras. Podem-se estabelecer critérios de ordenamento dessa lista, por exemplo, termos com mais tempo sem serem mencionados perdem valor (Figura 8).

39

Você está interessado em:

| agricultura | X | 14/06/2011 |
|---|---|---|
| agronegócio | X | 14/06/2011 |
| aplicação | X | 13/06/2011 |
| investimento | X | 13/06/2011 |
| governador | X | 10/06/2011 |
| governante | X | 10/06/2011 |
| governo | X | 10/06/2011 |
| política | X | 10/06/2011 |
| câmara | X | 10/06/2011 |
| congresso | X | 10/06/2011 |

Figura 8. Representação e gerência do interesse

Desse modo, tem-se uma relação dinâmica do perfil do usuário que, dependendo das configurações feitas e das interações no sistema, alteram o comportamento do algoritmo de seleção de textos de outros participantes do ambiente compartilhado.

## 3.7 – Análise e avaliação do sistema

A arquitetura de software apresentada tem por objetivo prover novos meios de socialização, por meio da identificação automática de relações entre textos baseados na teoria CST, a partir das interações dos usuários com o ambiente.

O propósito é que essas correlações sejam apresentadas aos participantes e eles possam aproveitá-las para conhecer outros usuários, saber sobre o que eles pensam sobre o assunto selecionado, logo, promover discussões, debates e trocas de ideias. Destaca-se, desse modo, a promoção de ações cooperativas por meio do estímulo à interatividade, além da formação de vínculos e de reciprocidade afetiva entre os sujeitos, a fim de alavancar a participação ativa e social.

O sistema baseia-se na interface de autoria e estabelece as informações principais, realizando a identificação das relações CST. A partir disso, estabelece quais são os interesses do usuário. Dos termos selecionados, recuperam-se os documentos com as correlações mapeadas, exibindo o contato dos autores dos textos e estimulando o

40

participante a novas interações.

O protótipo (Figura 9) é composto por interface de captação de conteúdo (1), em que os usuários submetem textos que refletem algo que se queira disseminar, por exemplo, uma opinião, um fato ou algo novo produzido por outras fontes de informação. O texto produzido será base para a composição do interesse do usuário (2), o que posteriormente fará com que sejam selecionados outros textos, de diferentes autores (3), em que as correlações semânticas foram estabelecidas pelo sistema (4).

O conjunto de documentos selecionados forma uma rede de ligações para outros documentos, em que é possível se trafegar entre os diferentes conteúdos. Cada rede de correlação semântica pode ser instanciada na forma de canais de interesse, sendo possível instanciar os resultados em arquivo no formato de marcação da *Web Syndication*. Logo, os conteúdos e os usuários são disseminados seletivamente.

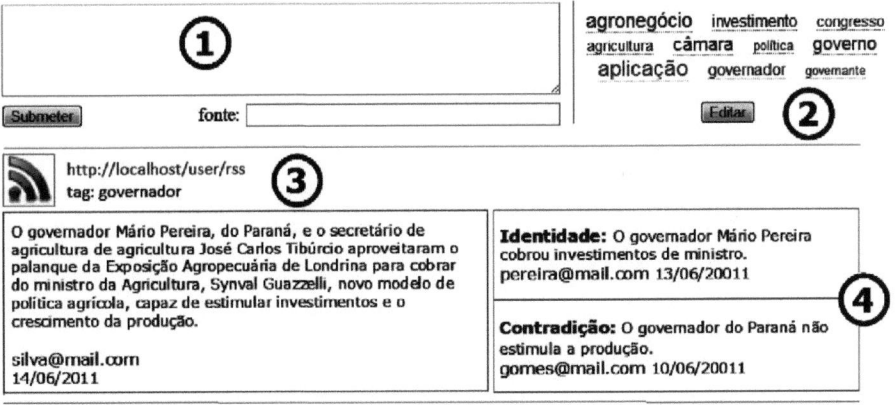

Figura 9. Elementos a destacar no sistema

A apropriação desse modelo em sistemas de produção de conteúdo corrobora com a ideia de que sistemas de Disseminação Seletiva podem ser usados para interações além das simples atividades de comunicação. Ao ponto que atendem ao requisito de acesso personalizado ou de propagação de conteúdos, os sistemas de disseminação podem oferecer novos meios facilitadores dos processos de cooperação.

41

O sistema possui uma interface intuitiva e de fácil interação. Isso reduz a curva de aprendizagem (esforço cognitivo) da ferramenta. O sistema pode trabalhar também com hipertextos ou hipermídias, desde que seja possível obter o conteúdo em formato textual. A representação do interesse é implícita, porém, exibida para conferência e gestão, logo também explícita. Dessa forma, são evidentes, para quem se utiliza do sistema, quais foram os critérios de seleção de conteúdo. O resultado da seleção de conteúdo poderá ser disseminado para outros sistemas.

Objetiva-se que, nessa ferramenta, as atividades pressuponham a construção do pensar, interpretar, relacionar e comparar informações, proporcionando situações que privilegiem interações significativas para a construção de conhecimento, afastando-se das práticas de isolamento intelectual e ao encontro dos elementos sociais de interação (Capítulo 4).

# 4 – Aplicações do sistema

Dentre as classes de sistemas de informação atuais, este capítulo busca analisar como os conceitos e os exemplos podem ser usados em ambientes específicos para realização de atividades colaborativas.

Independentemente de como os sistemas são modelados, pode-se afirmar que mecanismos de interação e de cooperação são essenciais em qualquer ambiente. A comunicação entre os participantes é uma das etapas para realização dessas atividades e, nesse ponto, os sistemas de disseminação seletiva agregam meios para propagação e para seleção de conteúdo.

## 4.1 – Redes Sociais

Nem sempre todos os participantes das Redes Sociais se conhecem ou se interagem. Assim, um dos desafios dos sistemas é criar condições para que os participantes com objetivos ou interesses afins possam se relacionar, ao que se designa de aproximação social.

Alguns sistemas desenvolveram funcionalidades de comparação entre perfis para identificar afinidades e fazer sugestões de contato (CHEN, GEYER, et al., 2009). A identificação de correlações entre os conteúdos pode ser uma alternativa para que essa propriedade se torne constante, à medida que é ofertado ao participante que outras pessoas também produziram documentos relacionados ao conteúdo dele.

Por exemplo, quando duas ou mais pessoas comentam sobre um mesmo assunto em páginas pessoais, se essas informações forem confrontadas automaticamente pelo ambiente, não haveria a necessidade dos autores procurarem se o conteúdo já fora debatido ou se terá alguém interessado em lê-lo ou até em respondê-lo. Para tanto, a exibição de que o novo conteúdo publicado possui correlação semântica com documentos de outras pessoas poderia induzir o autor a um debate de opiniões com as pessoas que manifestadamente também tem interesse naquele tema (Figura 10).

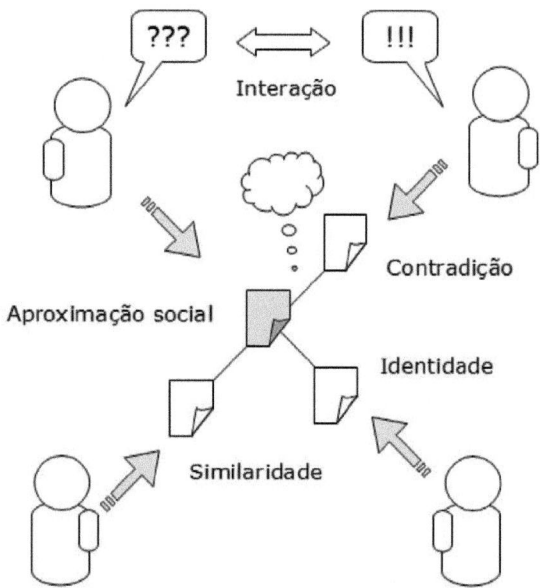

Figura 10. Aproximação social e estímulo a interação

## 4.2 – Sistemas colaborativos

Os sistemas que objetivam o trabalho em grupo, ou, sistemas colaborativos, necessitam que os usuários tenham a percepção do que os outros participantes já fizeram ou estejam fazendo. Os sistemas de Disseminação Seletiva podem auxiliar na percepção de "qual é" e de "como está" o trabalho do grupo em que o usuário está envolvido. Seja transmitindo seletivamente o conteúdo das produções coletivas, seja correlacionando o conteúdo do participante no sistema colaborativo, a disseminação seletiva tem um papel que é além de um propulsor de informações.

Outro ponto importante nesses sistemas colaborativos é a necessidade de se identificar especialistas em assuntos. Dentre as propriedades providas pela correlação semântica de documentos, nota-se que, se um agente ou comunidade de agentes (usuário) possuírem documentos muito correlacionados, então é alta a probabilidade de se tratar de especialista no tema (Figura 11).

44

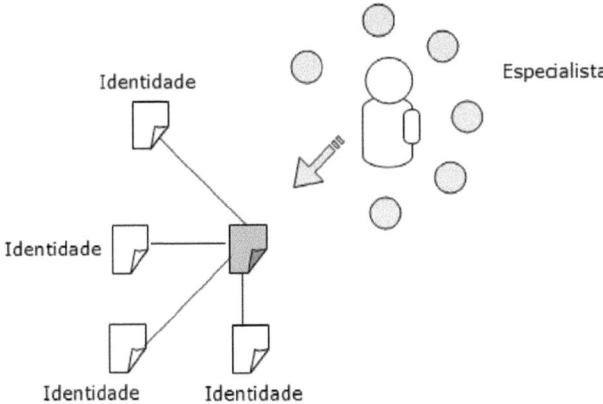

Identidade

Identidade

Especialista

Identidade

Identidade        Identidade

Figura 11. Identificação de comunidade de especialistas

## 4.3 – Ambientes virtuais de aprendizagem

Ambientes voltados à aprendizagem têm sido concebidos e disponibilizados para apoiar a educação presencial e a distância. Os ambientes disponibilizam recursos de interação, como elaboração de textos, diários eletrônicos, envio de arquivos, ferramentas de comunicação, participação em fóruns.

Encontram-se também iniciativas, conhecidas como Arquiteturas Pedagógicas, voltadas à construção de ambientes flexíveis a partir da combinação de estratégias e de dinâmicas em grupo, com softwares educacionais e ferramentas de cooperação voltada à aprendizagem (CARVALHO, NEVADO e MENEZES, 2005).

Da concepção de Arquiteturas Pedagógicas, insere-se a "Controvérsia Acadêmica" (JOHNSON e JOHNSON, 1994) como metodologia de aprendizagem que promove interações e debates quando produções intelectuais dos aprendizes são incompatíveis.

Portanto, o modelo de correlações semânticas pode ser usado como mediação tecnológica: ao identificar contradições entre discursos, acionam-se interfaces para discussões entre os alunos e para acompanhamento da aprendizagem pelo professor (Figura 12).

Nesse cenário, os sistemas podem ser vistos como componentes ou como bibliotecas a serem utilizados por ambientes flexíveis, dentre eles, o MOrFEu (MENEZES, NEVADO, et al., 2008), (BELTRAME, CURY, et al., 2008), (RANGEL, BELTRAME, et al., 2009), (SANTOS, CASTRO e MENEZES, 2010). Um dos objetivos desses ambientes é o suporte telemático a diferentes arquiteturas pedagógicas (RANGEL, 2011).

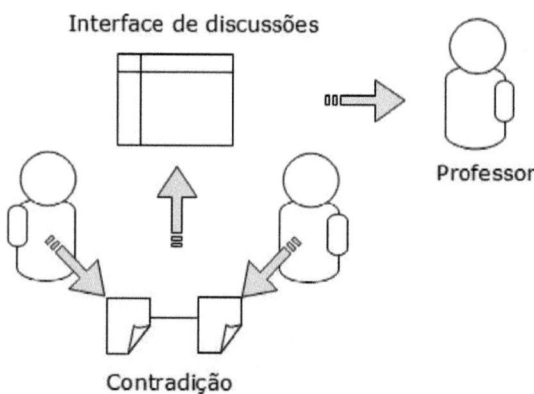

Figura 12. Mediação em Controvérsia Acadêmica

## 4.4 – Tutores inteligentes

Tutores inteligentes é um tipo de sistema para auxílio à educação que modela propostas pedagógicas aliadas a domínios de conhecimento para inferir sobre o modo de compreensão do aluno, adaptando individualmente o ensino as necessidades (VANLEHN, 1988).

De acordo com a concepção clássica de tutores inteligentes, considera-se somente a interação de um aluno por máquina, o que é um fator limitante na apropriação desses ambientes. A dificuldade de se ter cenários para múltiplos aprendizes é o quanto complexo se faz a tarefa de modelar interesses e necessidades coletivas. Portanto, pode-se utilizar dos conceitos de correlação semântica entre documentos produzidos pelos alunos para relacionar interesses em comum, não individualizados, e propor atividades de forma colaborativa (Figura 13).

46

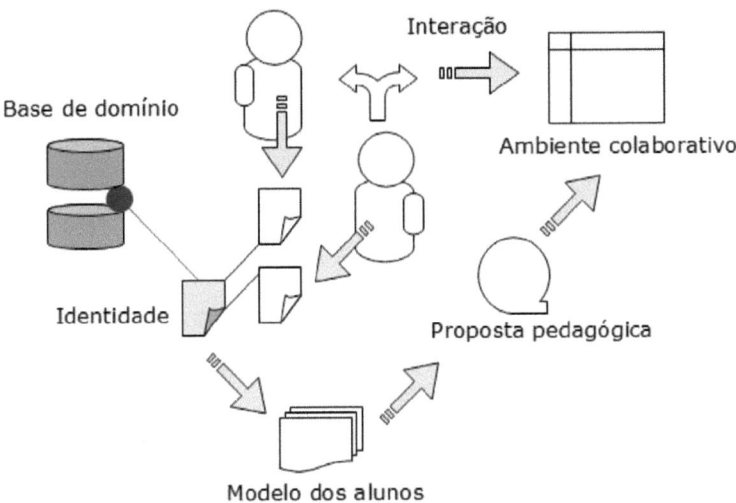

Base de domínio

Interação

Ambiente colaborativo

Identidade

Proposta pedagógica

Modelo dos alunos

Figura 13. Tutores inteligentes sociointeracionistas

## 4.5 – Aplicações diversas

Um sistema de Disseminação Seletiva da Informação baseado em análise de textos e nas relações possíveis entre eles pode ser interessante também se aplicada em alguns nichos, como o jornalístico. Notícias e avisos são necessários em grande parte dos sistemas com muitos usuários e ao passo que novos documentos forem sendo indexados e as relações estabelecidas, a base de correlações se tornará uma rede semântica entre documentos.

Em bibliotecas de documentos, a abordagem poderia ser aplicada em resumos fornecidos pelos autores ou em opiniões dos leitores sobre as obras, despertando o interesse na leitura ou não de quem ainda não as procurou. Além da economia de tempo e de esforço, o estímulo a construção do conhecimento é um fator positivo para adoção desse tipo de sistema.

# Referências Bibliográficas

[1] AFANTENOS, S. D. et al. Exploiting Cross-Document Relations for Multi-document Evolving Summarization. SETN, 2004. 410-419.

[2] AGOSTI, M.; MARCHETTI, P. G. User navigation in the IRS conceptual structure through a semantic association function. RIK, 1992.

[3] ALMEIDA, R. L. D. Disseminação de Conteúdo na Web: A tecnologia RSS como Proposta para Comunicação Científica. Brasília: Universidade de Brasília, 2008. Dissertação de Mestrado.

[4] BAEZA-YATES, R.; RIBEIRO-NETO, B. Modern Information Retrieval. 1. ed. New York: ACM Press books, 1999.

[5] BAX, M. P. et al. Sistema Automático De Disseminação Seletiva. IFLA, São Paulo, 2004.

[6] BECKER, J. Topic-based Vector Space Model. BIS, Colorado, 2003.

[7] BEIGBEDER, M. Integrating Boolean and vector models of information retrieval with passage retrieval. WISICT, Dublin, 2005.

[8] BELTRAME, W. A. R. et al. Multi-Organizador Flexível de Espaços Virtuais. SBIE, 2008.

[9] BROWN, P. F.; LAI, J. C.; MERCER, R. L. Aligning sentences in parallel corpora. ACL, 1991.

[10] CARVALHO, M. J. S.; NEVADO, R. A.; MENEZES, C. S. Arquiteturas Pedagógicas para Educação a Distância: Concepções e Suporte Telemático. SBIE, 2005.

[11] CHEN, J. et al. Make new friends, but keep the old: recommending people on social networking sites. Conference on Human Factors in Computing Systems, Boston, 2009. 201-210.

[12] DEEWESTER, S. et al. Indexing by Latent Semantic Analysis. Journal of the American Society for Information Science, v. 41, n. 6, p. 391-407, 1990.

[13] DIAS-DA-SILVA, B. C.; FELIPPO, A. D.; NUNES, M. D. G. V. The Automatic Mapping of Princeton WordNet Lexical-Conceptual Relations onto the Brazilian Portuguese WordNet Database. LREC, 2008.

[14] DIESTEL, R. Graph Theory. New York, USA: Eletronic, 2005.

[15] FERREIRA, J.; SILVA, A. MySDI: A Generic Architecture to Develop SDI Personalised Services (How to Deliver the Right Information to the Right User?). Setubal: ICEIS, 2001.

[16] FREITAS, S. A. A. D. Interpretação Automatizada de Textos: Processamento de Anáforas. Vitória: Universidade Federal do Espírito Santo, 2005. Tese de Doutorado.

[17] FREUND, Y.; SCHAPIRE, R. E. A decision-theoretic generalization of on-line learning and an application to boosting. Journal of Computer and System Sciences, 1997. ISSN 55(1):119-139.

[18] GUIZZARDI, G. Ontological Foundations for Structural Conceptual Models. Twente: University of Twente, 2005.

[19] HEARST, M. A. et al. Support vector machines. Intelligent Systems and their Applications, IEEE, v. 13, n. 4, 1998. ISSN 1094-7167.

[20] JOHNSON, D. W.; JOHNSON, R. Structuring Academic Controversy. Handbook of cooperative learning methods, 1994.

[21] JORGE, M. L. D. R. C. Sumarização automática multidocumento: seleção de conteúdo com base no modelo CST(Cross-Document Structure Theory). São Paulo: Universidade de São Paulo, 2010. Dissertação de Mestrado.

[22] KAWAHARA, D.; INUI, K.; KUROHASHI, S. Identifying contradictory and contrastive relations between statements to outline web information on a given topic. COLING, Stroudsburg, 2010.

[23] KOWATA, J. H. Uma Abordagem Computacional para a Construção de Mapas Conceituais a partir de Textos em Língua Portuguesa do Brasil. Vitória: Universidade Federal do Espírito Santo, 2010. Dissertação de Mestrado.

[24] KUO, B. Y.-L. et al. Tag clouds for summarizing web search results. Conference on World Wide Web, Banff - Canadá, 2007. 1203 - 1204.

[25] LANCASTER, F. W. Indexação e Resumos: Teoria e Prática. São Paulo: Briquet de Lemos, 2004.

[26] LUHN, H. P. Selective dissemination of new scientific information with the AID of electronic processing equipment. New York: American Documentation, 1961.

[27] MANN, W. C.; THOMPSON, S. A. Rhetorical Structure Theory: A Theory of Text Organization. ISI Reprint Series. New York. 1987. (ISI/RS-87-190).

[28] MAZIERO, E. G. Identificação automática de relações multidocumento. São Paulo: Universidade de São Paulo, 2012. Dissertação de Mestrado.

[29] MAZIERO, E. G.; JORGE, M. L. R. C.; PARDO, T. A. S. Revisiting Cross-document Structure Theory for multi-document discourse parsing. Information Processing & Management, 2014. V. 50, n. 2, p. 297-314.

[30] MEDEIROS, J. D. S. Tesauros conceituais e ontologias de fundamentação: modelos conceituais para representação de domínio. Rio de Janeiro: Universidade Federal Fluminense, 2011. Dissertação de Mestrado.

[31] MENEZES, C. S. et al. MOrFEu – Multi-Organizador Flexível de Espaços Virtuais para Apoiar a Inovação Pedagógica em EAD. SBIE, 2008.

[32] MURAKAMI, K. et al. Statement map: assisting information crediblity analysis by visualizing arguments. WICOW, Madri, 2009. 43-50.

[33] MURAKAMI, K. et al. Automatic Classification of Semantic Relations between Facts and Opinions. NLPIX, 2010.

[34] PAPAEMMANOUIL, O.; ÇETINTEMEL, U. SemCast: Semantic Multicast for Content-based Data Dissemination. ICDE, 2004.

[35] PARSAYE, K. et al. Intelligent databases: object-oriented, deductive hypermedia technologies. New York: John Wiley & Sons, 1989.

[36] PETROVIC, M.; LIU, H.; JACOBSEN, H.-A. G-ToPSS: Fast Filtering of Graph-based Metadata. IW3C2, 2005.

[37] RADEV, D. R. A common theory of information fusion from multiple text sources step one: cross-document structure. WDI, 2000.

[38] RANGEL, V. G. VCom: uma Abordagem para a Modelagem de Ambientes Colaborativos. Vitória: Universidade Federal do Espírito Santo, 2011. Dissertação de Mestrado.

[39] RANGEL, V. G. et al. MOrFEu:Towards the Design of an Environment for Flexible Virtual Spaces Organization. WCCE – World Conference on Computer in Education, 2009.

[40] SALTON, G.; WONG, A.; YANG, C. S. Vector Space Model for Automatic Indexing. ACM, New York, v. 18, n. 11, 1975.

[41] SANTOS, L. N.; CASTRO, A. N. J.; MENEZES, C. S. MOrFEu: Criando Ambientes Virtuais Flexíveis na Web para mediar a Colaboração. IE - Congreso Iberoamericano de Informática Educativa, 2010.

[42] SOUTO, L. F. Mediação em serviços de disseminação seletiva de informações no ambiente de bibliotecas digitais federadas. São Paulo: Universidade de São Paulo, 2008. Tese de Doutorado.

[43] SOUZA, F. S. L. D. et al. Uma Abordagem para Comparação de Mapas Conceituais utilizando Correspondência de Grafos. RENOTE - Revista Novas Tecnologias na Educação, v. 4, n. 2, 2006. ISSN 1679-1916.

[44] SPARCK-JONES, K. Assumptions and issues in text-based retrieval. JAC, 1992.

[45] TRIGG, R. H. A Network-based Approach to Text Handling for the On-line Scientific Community. Maryland: University of Maryland, 1983. Ph. D. thesis.

[46] TRIGG, R. H.; WEISER, M. TEXTNET: A Network-based Approach to Text Handling. New York: ACM Transactions on Information Systems (TOIS), 1986.

[47] VANLEHN, K. Student modeling. In: POLSON, M. C.; RICHARDSON, J. J. Foundations of intelligent tutoring systems. [S.l.]: Routledge, 1988. p. 55 -78.

[48] ZHANG, Z.; OTTERBACHER, J.; RADEV, D. Learning Cross-document Structural Relationships using Boosting. CIKM, Louisiana, USA, 2003.

[49] ZHANG, Z.; RADEV, D. R. Learning cross-document structural relationships using both labeled and unlabeled data. IJC-NLP, Hainan Island, China, 2004.